प्रेम, मौन और आत्मा का संवाद

जो कहा नहीं, वही सबसे गहरा था

Prem Chetna

BookLeaf Publishing
India | USA | UK

Made with ❤ on the BookLeaf Publishing Platform
www.bookleafpub.in
www.bookleafpub.com

Dedication

इस पुस्तक को मैं समर्पित करती हूँ –

उन सभी अनकहे एहसासों को,
जो मौन रहकर भी आत्मा में गूंजते रहे।
उस अलिखित प्रेम को,
जो शब्दों से परे था –
पर हर धड़कन में ईश्वर-सा समाया रहा।
उस जोगन को,
जो हर बार टूटकर भी तपस्या करती रही,
हर बार बिखरकर भी ईश्वरीय मुस्कान ओढ़ती रही –
जैसे उसकी पीड़ा ही उसकी पूजा बन गई हो।
उन दिव्य लम्हों को,
जो समय की सीमा से परे होकर
सिर्फ आत्मा को छूने आये,
और फिर उसी में विलीन हो गए।
और...
उस प्रेम को –
जो देह से नहीं, चेतना से जुड़ा,
जो कभी पाया नहीं गया,
फिर भी जीवन की हर श्वास में
ईश्वर की तरह बसता रहा।

Preface

प्रेम – केवल भावना नहीं, एक संपूर्ण साधना है।

इस पुस्तक में संकलित कविताएं मेरे जीवन की उन साँझों की कथा हैं, जहाँ प्रेम ने मुझे इंसान से रूह और रूह से संन्यासी बना दिया।
कभी ये शब्द इज़हार बने,
कभी ये इबादत,
और अक्सर ये बस मौन चीख रह गए।

इन कविताओं में कोई नाम नहीं, कोई चेहरा नहीं – फिर भी हर पाठक को इनमें स्वयं का कोई टुकड़ा दिखेगा।
यह संग्रह सिर्फ़ मेरी कहानी नहीं है,
यह उन हर दिलों की गूंज है,
जिन्होंने किसी को बिना पाये, पूरे मन से चाहा है।

Acknowledgements

हर रचना, हर शब्द, केवल मेरी नहीं –वो उन सभी मौन लम्हों की देन हैं जिन्होंने मुझे भीतर तक तोड़ा, संवारा और उकेरा। मैं अपनी अंतरात्मा को नमन करती हूँ, जिसने हर शून्यता में सृजन ढूंढा, हर बिखराव में संपूर्णता को पाया।

मैं कृतज्ञ हूँ उस अदृश्य शक्ति की – जिसे कोई "प्रेम" कहता है, कोई "ईश्वर", जिसने मुझे शब्दों के माध्यम से खुद से मिलने का अवसर दिया। उन सभी आत्माओं को धन्यवाद,

जो मेरी यात्रा में आये – कुछ क्षण भर को,

कुछ हमेशा के लिए –जिन्होंने प्रेम दिया, और जिन्होंने मेरा हृदय तोड़ा – क्योंकि दोनों ने मुझे स्वयं से जोड़ दिया।

मैं आभार व्यक्त करती हूँ अपने अस्तित्व का, अपने भीतर की उस जोगन का, जो हर पल तप में रही, और अंततः इस पुस्तक के रूप में अपना साक्षात्कार किया।

1. खुद से खुद तक

आज मैंने स्वयं को उनसे मुक्त किया।
विरह की जितनी वेदना थी, आज उसे त्याग दिया मैंने।
जो जाने वाले हैं, वे कब रुके हैं किसी के लिए?
फिर मेरा ठहरना – क्या यह न्याय था मेरे ही प्रति?

जबसे स्वयं से प्रेम करना आरंभ किया,
तभी जाना अपने अस्तित्व का महत्व।
अब जीवन जीना है स्वयं के लिए।
हाँ, प्रेम था, है और रहेगा –
पर अब कोई बंधन नहीं होगा,
न कोई प्रतीक्षा, न कोई पीड़ा।

यदि कुछ होगा, तो वह होगा
शांति... और वह प्रेम –
जो गंगा-सा पावन है।

स्वीकार करती हूँ स्वयं को उनकी अर्धांगिनी,
सदा रहूँगी उनकी – पर अब बंधनों से परे।
स्वयं और उस परमात्मा के शाश्वत प्रेम में लीन।

यदि किसी अन्य लोक में फिर अवसर मिला,
तो पुनः उनकी ही होने की कामना करूँगी,
उनके प्रेम में स्वयं को पूर्णतः समर्पित कर दूँगी।

पर इस जन्म में...
अब बस उस एक को पाना है,
उसमें ही राम को जानना है।

– प्रेम चेतना

2. विरह के उपरांत

प्रेम की उस परिणति के उपरांत,
जब तुम इस जीवन से रुख़्सत हुए,
छोड़ गए मेरे हृदय में
दीपशिखा-सी एक अमिट आशा।

प्रतीक्षा की उस लौ में तपती मैं,
हर जन्म-जन्मांतर की संकल्प-रेखा में
तुम्हारे पुनः आगमन की संभावना संजोती हूं –
स्वामी रूप में, प्रियतम स्वरूप में,
इस युग में नहीं, तो किसी अन्य ब्रह्मांड की
अनंत लीलाओं में कहीं।

जहाँ पुनः अंकुरित होगा दिव्य प्रेम –
जहाँ एक तपस्विनी
अपने योगी में पुनः विलीन होगी।

उस मिलन में न होगी देह की चाह,
न वाणी की पुकार,
वहाँ आत्मा का आत्मा से
निःशब्द, निर्विकारी आलिंगन होगा।

विरह भी तब एक साधना बनेगा,
मौन की मौलिकता में गूंजता प्रेम।
मिलन नहीं होगा क्षणिक,
वह होगा सनातन –
जहाँ भक्ति और प्रेम एकाकार होंगे।

और तब, इस विरह की अग्नि से
प्रकट होगी एक ऐसी लौ,
जो न केवल दो प्राणों को,
बल्कि सम्पूर्ण ब्रह्मांड को
प्रेम के आलोक से प्रकाशित कर देगी।

– प्रेम चेतना

3. प्रेम और आत्मा का संवाद

एक प्रश्न है जो मेरे हृदय के गहरे सागर में
आंधियों सा घूम रहा है – प्रिये,
कहूँ तो पूछ लूं?
तुम जो परंपराओं के बंधनों में जले हुए दीपक सा झुक गए हो,
क्या कभी उनसे ऊपर उठकर मेरी आत्मा को पहचान पाओगे?

इस हृदय में जो तुम्हारे प्रति प्रेम की स्रोतस्विनी निरंतर बहती है,
उस केवल अर्पण नहीं, एक जीवन-यात्रा का समर्पण है –
क्या कभी उस दिव्यता को महसूस कर पाओगे?

मानती हूं, तुम्हारा साहसी बन पाना असम्भव सा लगे,
पर क्या मेरे बिखरने का धैर्य तुम रख पाओगे?
मेरे अंतर में जो निर्मल भक्ति की ज्योति जली है,
उसका अपमान करने का पाप क्या तुम उठा पाओगे?

प्रिय, क्या इस कलिक युग में तुम मेरे शिव बन सकोगे?
मेरे अंतःस्थल में जो तुम्हारे अक्षरों की गूंज है,
क्या कभी उसे आशीर्वाद की तरह अंगीकार कर पाओगे?

मैं तुम्हें बांधना नहीं चाहती,

मुझे बस तुम्हारी मुक्त आत्मा से प्रेम है –
मैं चाहती हूं तुम अपनी आज़ादी में जियो,
पर क्या मेरी मुक्ति को भी तुम जीवन दे पाओगे?

– प्रेम चेतना

4. स्वयं की खोज

खोकर स्वयं को इस संसार की भीड़ में,
अब बढ़ रही हूँ फिर से स्वयं को पाने की ओर।
जितनी सरल थी अपनी पहचान को खो देना,
उतनी ही कठिन प्रतीत हुई स्वयं की खोज।

कभी मंदिर की घंटियों में ढूँढा खुद को,
तो कभी मज़ार की चादरों में सिसकते अरमानों में।
कभी मन के विकारों में उलझती रही,
तो कभी परायों के प्रेम में खुद को गवाँ बैठी।

स्वयं को खोजते खोजते
स्वयं की ही स्मृति धुँधली पड़ गई।
अनगिनत वर्ष बीत गए–
यह अनवरत यात्रा अब भी जारी है।

कभी लगता है जैसे पास हूँ अपने,
तो कभी लगता है मीलों दूर हूँ अभी।
एक बेचैनी भी है इस यात्रा में,
और कहीं न कहीं एक सूक्ष्म सुकून भी–
कि मैं अभी जीवित हूँ,

स्वयं की तलाश अब भी शेष है।

शायद एक दिन यूँ ही
ख़ुद से भेंट हो जाएगी,
और उस दिन
मैं स्वयं को
प्रेम कर पाऊँगी...।

— प्रेम चेतना

5. यूँ ही आज एक गिलहरी को निहारते हुए

यूँ ही आज एक गिलहरी को निहार बैठी मैं,
चपल, सहज, परिपक्व चित्त से पूर्ण थी वह।
आहार हेतु आकुल, परंतु सजगता से लबरेज़,
हर क्रिया में जागृति, हर स्पंदन में चेतना।

उसको देख, अंतर में एक टीस उठी,
कि मैं कितनी अचेतनता में जीवन बिता रही हूँ।
न अपनी साँसों का भान, न अस्तित्व की थाह–
कैसा यह जीवन, जो निर्वेद की नींद में बह रहा है।

जब प्रयास किया, होश के स्वर में साधना का,
तो वही चित्त दुविधाओं के जाल में उलझ गया।
होश क्या, अचेतना क्या– कुछ भी समझ न सकी।

तब जब मैंने सब प्रयास त्याग,
स्वयं को केवल साक्षीभाव में प्रतिष्ठित किया–
तो एक अलौकिक घटना घटित हुई।
जिस हेतु वर्षों से मैं साधना में रत थी,
वह तो सहसा ही घटित हो गया–

वह तो बस यूँ ही घटित हो गया।

— प्रेम चेतना

6. मेरी स्वीकृति उनका साहस

यूँ ही नहीं था वह सावन-सा आगमन, उसकी स्मृतियों में डूबे हुए क्षण।
जो प्रेम उसने मुझ पर न्योछावर किया, वह यूँ ही तो नहीं था।
कुछ ना कुछ भाव तो उसके भी हृदय में अवश्य जुड़े होंगे मुझसे।

उस एक विरह की पीठ पर अनगिनत मधुर स्मृतियाँ संचित थीं,
जिन्हें यूँ ही नकार देना सहज नहीं –
प्रेम की अनुभूतियाँ न तो क्षणिक होती हैं, न ही व्यर्थ।

यह आवश्यक नहीं कि यदि मैं आज उसकी यात्रा में नहीं,
तो उसने कभी मुझसे प्रेम ही न किया हो।
उसका स्वयं को चुनना, प्रेम से ऊपर उठ कर,
कोई साधारण निर्णय तो नहीं रहा होगा।

आज जब स्वयं को चुनने की उसकी शक्ति को देखती हूँ,
तो अंतर्मन में अपराध-बोध जाग उठता है –
जिसे कभी समझा नहीं, उसे ही दोषी ठहराया।

कितना साहस, कितनी आत्म-निष्ठा लगी होगी उसे,
स्वयं को उस प्रेम की गिरह से मुक्त करने में।

अब अफ़सोस होता है कि मैं उस यात्रा में
उसकी शक्ति न बन सकी, उसका संबल न बन पाई।

अब जब स्मरण करती हूँ,
तो प्रतीत होता है कि वह कितना सुंदर, कितना साहसी रहा होगा –
जिसने मेरे जैसे बिखरे अस्तित्व को
इतना जीवंत, इतना निश्छल प्रेम अर्पित किया।

आज जब उसे भीतर-भीतर समझने लगी हूँ,
तो प्रेम की अनुभूति और भी गहराती जाती है –
यह गहराई अब उस सीमा तक जा पहुँची है
जहाँ मैंने अनजाने ही उसे अपने ईश्वर-तुल्य स्वीकार लिया।

यह कब हुआ, कैसे हुआ – मैं स्वयं भी न जान सकी,
या शायद जानकर भी स्वीकार न कर सकी।

– प्रेम चेतना

7. ना जाने कैसा प्रेम था उनका

ना जाने कैसा प्रेम था उनका,
जिसने विरह के बाद भी
मुझे टूटने नहीं दिया,
बिखरती राहों में भी
एक संबल-सा दे दिया उन्होंने।

ऐसा हौंसला था उनके दिए प्रेम में,
जो हर अश्रु के बीच
दोबारा जीने की हिम्मत दे गया।
जिस लड़की को मैं कब का खोया हुआ मान बैठी थी,
उनके समर्पण ने,
उनके निशब्द प्रेम ने,
उसे नई पहचान दी –
एक नई राह, एक नई रौशनी।

अजीब सी गाथा है इस प्रेम की,
जो उनकी उपस्थिति भी नहीं माँगता,
फिर भी हर साँस में,
हर रोम में,
बहता जा रहा है –

जैसे किसी अंतर आरती का गीत हो।

जहाँ कभी विरह सिर्फ़ पीड़ा था,
अब वहाँ एक प्रार्थना है,
एक आभार है –
जो उनका नाम लिए बिना
मन से निकलता ही जाता है।

कैसा दिव्य प्रेम था उनका,
जो मुझे मेरी हालत से उठा कर
अस्तित्व की चोटी पर ले गया।
हर पल, हर लम्हा,
एक समर्पण भाव से भरा है –
उनके प्रेम के लिए,
और उन यादों के लिए
जो वे ख़ामोशी में दे गए।

— प्रेम चेतना

8. मृति की शून्यता में जागरण

एक दिवस, अनायास ही
शून्य में टकटकी लगाए बैठी थी मैं।
न कोई वांछा, न कोई विक्षोभ–
बस मौन, नीरव, शिथिल।

तभी दृष्टिपथ में एक पत्ता हिला–
वायु की गोद में झूलता,
पर अधीर नहीं, न ही प्रमत्त।
मानो प्रकृति का कोई ऋषि हो
धैर्य में रचा हुआ।

उस एक क्षण ने जगा दिया मुझे–
कि कितनी मूर्छा में लिपटी थी मेरी गति।
जो जी रही थी मैं,
वह तो मात्र किसी स्मृति की परछाई थी।

कभी जो चेतना को साधना समझा,
वही अब मोह प्रतीत हुई।
कभी जो स्वयं को जाग्रत मान बैठी थी,
वह अब निद्रा का ही एक रूप लगी।

और तब...
जब समस्त संकल्पों से विरक्त हो
निराकार में स्वयं को विसर्जित किया–
तो उस निराकार से ही
एक ज्योति फूटी,
एक अनुभूति जन्मी–
जो शब्दातीत थी।
जो केवल होने की गवाही थी।

– प्रेम चेतना

9. ना जाने कब क्यों कैसे

ना जाने कब, क्यों, कैसे
एक लड़की जोगन बन गई,
किसी अंजाने के ख़यालों में
ख़ुद से ही दूर चली गई।

उसकी बातों में कुछ ऐसा जादू था,
जो हर दिन, हर पल पे छा गया,
वो पहचान ही न पाई
क्या सही था, क्या ग़लत –
बस उसकी मुस्कुराहट में
अपनी हर पहचान भूल गई।

ना कोई गिला, ना कोई शिकवा था,
दर्द भी था, पर मीठा लगता था,
तकलीफ़ों में भी सुकून था,
क्योंकि हर दर्द में उसका नाम था।

ना जाने कब,
वो एक इंसान से खुदा बन गया,
उसकी हर दुआ में सिर्फ़ वो आने लगा।

वो इबादत थी, वो आस्था था,
वो हर सांस में बसा एक वास्ता था।

वो लड़की ख़ुद को भूल गई,
उसकी मोहब्बत का रूप बन गई,
एक जोगन थी, पर दीवानगी में रोशन,
इश्क़ में भी एक इबादत की तरह पाक।

ना जाने क्यों, कब, कैसे...
पर मोहब्बत उसकी तक़दीर बन गई,
और वो जोगन...
ख़ुद उस खुदा की तस्वीर बन गई।

– प्रेम चेतना

10. उसकी उड़ान मेरी मोहब्बत

यूँ ही चलते चलते उसका इंतज़ार
एक खामोश दुआ बन गया।
वो आया नहीं – फिर भी
उसकी मौजूदगी मेरी सांसों में उतरती रही।

उसकी क्या ख़ता...
वो तो रूह था – बहता हुआ, आज़ाद।
मैं ही थी जो उसे थामना चाहती रही
अपनी मोहब्बत के नाम पर।

मगर मोहब्बत तो कैद नहीं होती,
वो तो रूह की परछाई है –
जिसे जितना छूओ, उतनी ही फैल जाती है।

मैंने चाहा उसे,
पर कभी बाँधने की कोशिश नहीं की।
उसे मुस्कराते देखा – और जी लिया पूरा जहां।
उसे दूर जाते देखा – और समझ गई,
उसकी उड़ान ही उसका वजूद है।

वो जिसे चाहे,
उसी में खुदा देखे – यही उसका हक़ है।
और मेरा इश्क़?
बस एक चुपचाप सा दीपक –
जो उसकी राह तकता है,
बिना किसी उम्मीद के।

मैं दीवानी,
जो ख्वाबों में उसकी परछाईं ओढ़ लेती हूँ।
वो हकीकत का पुजारी –
जिसे पंखों से प्यार है, ज़ंजीरों से नहीं।

मैंने मोहब्बत की,
पर उसने आज़ादी चुनी –
और यही उसकी खूबसूरती है।

उसकी क्या ख़ता?
जब मैं ही उसकी रिहाई में
अपना इश्क़ कुर्बान कर बैठी।

– प्रेम चेतना

11. बावरी मैं खो गई

ऐसी खोई, उसके मोह में मैं बावरी,
अपनी सुध-बुध, सब कुछ खो बैठी |

बनी पुजारन, उसकी छवि में,
भक्ति अपनी, मैं भूल बैठी |

ऐसी खोई, उसकी सूरत में मैं बावरी,
अपनी तस्वीर भी भूल बैठी|

प्रेम की दुनिया में डूबी ऐसी,
अपना जहान ही भूल बैठी |

ऐसी खोई, उसकी प्रीत में मैं बावरी,
मन मेरा भी खो गया कहीं |

रंग गई मैं उसकी चाहत में,
अपना आप ही भूल बैठी ....

– प्रेम चेतना

12. शून्य का संगीत

इक दिन सदा आई दिल के पार,
बंद दरवाज़ों में जागा इक सार।
दुनिया की हलचल, रिश्तों की डोर,
सब छूटते गए, खुलते गए भोर।

वो जो थी कभी इक ज़मीन की धूल,
अब न थी कोई चाह, न कोई भूल।
इक नूर की बूंद गिरी रूह में,
हर लम्हा घुला इक सुर्ख़ सुकून में।

ओशो के शब्दों में इक राग था,
जैसे सूखे मन पर बरसता फाग़ था।
हर वाणी में इक गहरी सांस,
हर लफ्ज़ में बसा निर्वाण का एहसास।

कदम बढ़े तो वक़्त भी थम गया,
अहंकार का हर परदा जम गया।
न वो रही, न उसका नाम,
बस बहती रही इक मौज तमाम।

इक-इक गिरह जब खुलने लगी,
हर सीमा रेत सी ढलने लगी।
ना मैं, ना मेरा, ना कुछ और,
बस शून्य, बस शांति, बस एक ठौर।

अब वो बहारों का गीत नहीं,
ना ही कोई टूटा मीत रही।
वो इक रूह थी, इक मौज थी,
ख़ुद में पूर्ण, ख़ुद में रोज़ थी।

अब न कोई मंज़िल, न कोई राह,
बस मौन में घुलती प्रेम की चाह।

— प्रेम चेतना

13. रहगुज़र में एक जोगन

एक हसीन दौर एक दास्तान बन गया
जिस मोहब्बत को सज्दा किया, वो इम्तिहान बन गया।
दिल के टुकड़े हज़ार हो गए,
वो करते रहे गुफ़्तगू किसी और से,
और हम उनकी याद में बेक़रारी से तड़पते रहे।

जब इज़हार-ए-शिकवा किया हमने,
अपनी कसक का, वो हमें ही रुसवा करके चले गए।
क्या ना किया हमने उन्हें अपना बनाने के लिए,
हम उन्हें अपना बना ही न पाए।

नादानी थी या जुनून, जो हर फ़क़त उन्हें ही मांगा,
मगर तक़दीर की किताब में उनका होना लिखा ना था।
वो जानते थे हम उनके बिना सांस भी न ले सकेंगे,
मगर फिर भी बेरहमी से हमें वीरान कर गए।

क्या बयान करें हम कि दर्द-ए-हिज्र क्या है?
उनकी बेरुख़ी ने हमें मुर्दा बना दिया है।
वो इबादत थे, वो सज्दा थे,
मेरी रूह का नूर, मेरी दुआओं का नौहा थे।

पर आज लगता है, जैसे मेरा ख़ुदा मुझसे ख़फ़ा है,
जैसे कोई हाथ उठा था दुआ के लिए, मगर ख़ाली रह गया।
ना शिकायत उनसे, ना गिला है किसी से,
बस एक सोच है जो हर शब बेक़रार रहती है।

दिल-ए-ज़ार अब भी उनके रास्ते तकता है,
उनका एक इशारा, एक दीदार मांगता है।
मगर क़िस्मत का लिखा मिटा सकता कौन?
जो नसीब में हिज्र हो, उसको मिला सकता कौन?

कैसे बयान करूं उन्हें कि आज भी ये जोगन,
उनकी रहगुज़र में है...

– प्रेम

चेतना

14. प्रेम का परम स्वरूप

वो जीवन में साँसों की सरगम सा
प्रेम में अमर प्रीत का संगम सा |

वो दिल की धड़कन में राग कोई
चोट में छुपा दर्द सहेज कोई |

वो नयनों में चमक बन मुस्काए
दुख में भी सुख का गीत गाए |

वो सागर में उठती लहरों का जल
परमात्मा में भक्ति का संबल |

वो शिव की शक्ति, ध्यान की साधना
दीपक में बाती, समर्पण की भावना |

वो माँ की ममता, स्नेह का दामन
वफादारी में अटल प्रेम का आंगन |

— प्रेम चेतना

15. जीवन, माया और परमेश्वर

यह जीवन इच्छाओं के जाल में उलझा हुआ है
कभी पद की प्यास, कभी रूप की आस,
कभी मान-सम्मान का मोह, तो कभी संसारिक पास।
हर क्षण एक नयी तृष्णा, हर श्वास में कोई लालसा,
मानव का यह जीवन एक अनंत अभिलाषा का झांसा।

परंतु इन सबके मध्य, जो अनुपस्थित है,
वह है उस परमेश्वर की अभिलाषा –
उसमें रम जाने की,
उसमें ही मिट जाने की,
उसका हो जाने की तीव्रतम चाह।

कितनी अद्भुत विडम्बना है इस सृष्टि की –
जो नश्वर है, उसी की ओर दौड़ता है प्राणी,
जो शाश्वत है, उससे मुँह मोड़ता है knowingly,
कहता है– "जीवन जीना है मुझे,"
फिर भी जीवन से भागता है जैसे
कोई शाप हो जीवन, कोई विषपान की वेदना।

मृत्यु से भय खाता है,

किन्तु जीवित रहते ही मृतवत हो जाता है,
ना स्वर है, ना ताल;
ना मौन में शांति, ना हँसी में भाव।
हर भाव, हर संबंध – बस एक आडंबर, एक नक़ाब।
एक झूठी पद्धति, एक नकली पहचान,
जहाँ 'जो है' वही 'होने' की अनुभूति खो बैठा इंसान।

क्या तुझे ज्ञात है,
उस ईश्वर में लयबद्ध हो जाना क्या होता है?
उसकी स्मृति में नर्तन करना,
उसकी शरण में समर्पित होना –
वह कैसा अमृत क्षण होता है?

अद्भुत है यह सृष्टि, विचित्र है यह माया,
जहाँ सत्य सबसे दूर है, और छल ही सबसे पास,
फिर भी हृदय के किसी कोने में
अब भी जल रही है एक लौ –
उस सत्य की, उस ईश्वर की,
जिसे पाने की प्यास ही
सभी प्यासों से ऊपर है।

– प्रेम चेतना

16. कैसे भूल जाऊँ

कैसे भूल जाऊँ,
वो हँसी जो उसने मुझे दी,
वो घर जो उसने मेरा बना दिया,
कैसे भूल जाऊँ,
वो अपना बनाना,
वो मुझमें खुद को बसा देना।

कैसे भूल जाऊँ,
वो हर पूजा, हर इबादत में उसे रखना,
वो मेरा खुदा सा पूजना,
कैसे भूल जाऊँ,
वो मासूम झगड़े,
वो बचपन की नादानियाँ,
जो उसने मेरी हथेलियों पर रख दी।

कैसे भूल जाऊँ,
वो हर दर्द अपना समझकर सह लेना,
वो बिना बोले मेरी खामोशियों को पढ़ लेना,
कैसे भूल जाऊँ,
वो हक से हुकूमत करना,

मुझे अपना हिस्सा बना लेना।

कैसे भूल जाऊँ उसे,
कैसे भूल जाऊँ उसे,
जो मेरा सब कुछ ले गया,
मेरी मोहब्बत के नाम पर।

कैसे भूल जाऊँ,
वो दिल अपना लुटा देना,
वो रूठकर भी मेरा इंतज़ार करना,
कैसे भूल जाऊँ,
वो हर लम्हा,
जो मेरी साँसों में उसकी खुशबू की तरह घुल गया।

कैसे भूल जाऊँ,
वो सपनों की दुनिया देना,
वो मुझे जीने की वजह देना,
कैसे भूल जाऊँ,
वो मुझे मेरे जीवन का अर्थ देना।

कैसे भूल जाऊँ उसे...
जब आज भी उसकी यादें मेरी धड़कनों में बसी हैं,
जब आज भी वो मेरी हर दुआ में शामिल है,
जब आज भी मैं उसी की राह तक रही हूँ...

– प्रेम चेतना

17. अनकहा अनसुना प्रेम

तू मेरा रहस्य है,
जिसे मैं व्याख्यायित नहीं करना चाहती।
तू मेरी आत्मा का अंश है,
जिसे मैं विस्मृत नहीं करना चाहती।

तू मेरी पीड़ा का गीत है,
जिसकी धुन मैं थामे रखना चाहती हूँ।
तू मेरा मूक चिंतन है,
जिसे मैं मौन की ज़ुबां देना नहीं चाहती।

तू मेरी अधूरी कथा है,
जिसे मैं शोर में खोने नहीं देना चाहती।
तू मेरी अनुभूति का स्वर है,
जिसे मैं शब्दों में बाँधना नहीं चाहती।

तू मेरी संवेदना की नमी है,
जिसे मैं अश्रु बनकर बहने नहीं देना चाहती।
तू मेरी अंतरतम की मुस्कान है,
जिसे मैं मुख पर लाना नहीं चाहती।

तू मेरा निस्वार्थ प्रेम है,
जिसे मैं भीड़ में उजागर नहीं करना चाहती।
तू मेरी समस्त सृष्टि है,
जिसे मैं विखंडित होने से बचाना चाहती।

तू मेरा आश्रय है, मेरा ठौर है,
जिसे मैं टूटने नहीं देना चाहती।
तू मेरा प्रतिबिंब है, मेरा अस्तित्व,
और स्वयं को मैं मिटाना नहीं चाहती...

— प्रेम चेतना

18. कमली जोगन

एक कमली जोगन अपने रांझे नू ढूंढ़न चली
दुनिया दे मेले विच लबदी,
दिल नू समझाई ना कदी
कमली ढूंढती ओह्नू, जेडा बैठ सी अंदरों

पर किसे ने दस्सया नहीं,
रांझा बसदा ओसदे ही विच सारों
फिरदी दर-दर, सज्जे-खब्बे पुछदी सी

पर रांझा तां ओहदे कोल ही खड़ा सी
इक दिन ओह्नू मिलाया इक होर कमला
कहंदा, "किथे फिरदी कमलिये? तेरा रांझा तेरे अंदरों समाया"

इक वारी अपने अंदर ही तक
ओह भी तड़पदा तेरे लई,
ना करी हुन कोई शक

जोगन नू मिली इक राह,
जदों मिलाया ओस च जिहा

जदों कमली खोई अपने विच,
ओह्नू समझ आया वेहला
ओह्नू लग्गा धक्का, जिह्नू ढूंढदी दुनिया भर
ओह तां बसदा सी ओहदे ही रूह दे अंदर!

— प्रेम

चेतना

19. विलीन होता साहस

क्या संभव है, किसी एक का हो जाना इस कलियुग में?
जब झाँकती हूँ अंतर्मन की अथाह गहराइयों में,
तो कोई खौफ़ धीरे से दस्तक देता है –
टूटे दिल की गूंज में, बिखरे विश्वास की किरचों में।

कहना तो सरल है –
"तुमसे प्रेम है, प्रियतम..."
पर जब समय आता है परीक्षण का,
तो प्रेम खुद में ही विलीन हो जाता है।

वो साहस कहाँ चला जाता है?
वो आँखों की स्थिरता, वो मन की शांति,
वो समर्पण... सब बिखर जाते हैं
मानो समय के थपेड़ों में उड़ती हुई राख।

क्या समाज की बेड़ियाँ,
संस्कारों की जंजीरें,
इतनी भारी हैं कि किसी का भी हृदय
निर्दयता से रौंद दिया जाए?

क्या प्रेम करने वाले दो हृदय
इतना भी अधिकार नहीं रखते
कि स्वयं को, एक-दूसरे को चुन सकें
बिना अपराधबोध, बिना दंड?

कितना विषम है यह युग,
जहाँ जिसकी चाहत करते हैं,
उसी को मिटा देते हैं।
ना बचपन निश्छल रहा,
ना जवानी मुक्त,
ना वृद्धावस्था में चैन –
सब कुछ जैसे समय के कटघरे में बंदी हो गया।

हर बार जब सोचती हूँ,
कोई भय भीतर से उठता है,
एक सिहरन, एक कंपन –
जो चीख-चीख कर कहती है:
कितना कठिन है इस संसार में स्वयं को चुनना,
कितना कठिन है...

– प्रेम चेतना

20. उसकी याद

आज फिर दिल छलक पड़ा उसकी याद में,
आज फिर टूटी हूँ मैं... उस हौसले के बावजूद जिसे रोज़ पहनती हूँ।
फिर से इक टीस, दिल के किसी कोने में करवटें बदल रही है,
काश... कहीं से वो आ जाए,
और मुझे बस एक बार सीने से लगा ले।

कोई चमत्कार हो जाए...
और वो लौट आए, जैसे कुछ भी नहीं बदला हो।
मैं टूटकर बिखर जाऊँ उसके कदमों में,
और कह डालूँ... वो सब कुछ जो बरसों से सीने में कैद है।

बता दूँ उसे –
कि अब और नहीं होता उससे दूर रहकर जीना,
कि थक चुकी हूँ उसकी मजबूरियों को समझते-समझते।
अब तो बस उसके इश्क़ में डूब जाना है,
बिना किनारों की तलाश किए, एक गहराई में उतर जाना है।

मैं फिर से उसके हर लफ्ज़ में खुद को पाना चाहती हूँ,
उसकी ख़ुशबू को फिर से साँसों में भर लेना चाहती हूँ।
उसकी शरारती हँसी में फिर से मुस्कुरा उठना चाहती हूँ,

उसके हर स्पर्श में फिर से जी उठना चाहती हूँ।

एक बार... सिर्फ़ एक बार
वो फिर से मेरी दुनिया में उतर आए,
और उन बीते लम्हों को फिर से जी लें हम –
जहाँ सिर्फ़ प्रेम था, बेइंतिहा, बेपरवाह, बेहद।

काश... वो आए
और समेट ले इस बिखरे दिल को,
जो आज भी, सिर्फ़ उसके लिए ही धड़कना जानता है।

– प्रेम चेतना

21. ना जाने क्यों सब कुछ तुम ही हो

तुम दूर हो, फिर भी पास लगते हो,
हर पल मेरे साथ रहते हो।
नज़रों से ओझल हो फिर भी,
हर लम्हा मेरी नज़रों में बसते हो।

तुम बिन अधूरी सी लगती हूँ,
तुम बिन जीवन व्यर्थ सा है।
ना जाने क्यों हर सांस में,
बस तुम्हारा ही एहसास है।

तुम बिन रंग भी फीके हैं,
ना जाने क्यों हर रंग में तुम हो।
तुम बिन कोई गीत नहीं,
ना जाने क्यों हर सुर में तुम हो।

तुम बिन न कोई ताल, न कोई नृत्य,
ना जाने क्यों हर लय में तुम हो।
तुम बिन साज भी मौन है,
ना जाने क्यों हर संगीत में तुम हो।

तुम बिन श्रृंगार अधूरा है,
ना जाने क्यों हर सजधज में तुम हो।
तुम बिन मूरत भी बेजान लगे,
ना जाने क्यों हर आराधना में तुम हो।

तुम बिन साँसें अधूरी हैं,
ना जाने क्यों हर सांस में तुम हो।
तुम बिन प्रेम अधूरा है,
ना जाने क्यों हर एहसास में तुम हो।

तुम बिन विरह भी अधूरा लगे,
ना जाने क्यों विरह में तुम हो।
तुम बिन भक्ति भी अधूरी सी है,
ना जाने क्यों हर आरती में तुम हो।

तुम बिन ध्यान भी खोया सा है,
ना जाने क्यों हर साधना में तुम हो।
तुम बिन भोर भी सुनी लगती है,
ना जाने क्यों हर किरण में तुम हो।

तुम बिन रात भी वीरान लगे,
ना जाने क्यों हर अंधेरे में तुम हो।
तुम बिन खुशबू भी बेमानी लगे,
ना जाने क्यों हर महक में तुम हो।

तुम बिन कुछ भी बाकी नहीं,

ना जाने क्यों, सब कुछ ही तुम हो।
ना जाने क्यों, सब कुछ ही तुम हो।

– प्रेम चेतना

22. स्त्रीः एक प्रश्नचिन्ह

हर कोई लिख रहा है –
स्त्री पर,
कभी उसके सम्मान को लेकर,
तो कभी जीवन में अनवरत संघर्षों को लेकर।

कोई उसकी आँखों में छिपे सागर को शब्द देता है,
कोई उसकी ममता की महिमा को गाता है।
कभी वह माँ है,
कभी प्रेमिका,
कभी बहन, पत्नी, या फिर बेटी।

पर एक प्रश्न बार-बार मन में उठता है –
लिखना तो सभी चाहते हैं,
पर उसकी आत्मा को समझना क्यों नहीं?

उसके अधिकारों पर लेखनी चलती है,
पर जब उन्हें देने की बात आती है –
हर हाथ पीछे हट जाता है।

उसके बिखरे सम्मान पर विमर्श होता है,

पर समानता की भावना क्यों नहीं उपजती?
उसके संघर्ष की गाथा कही जाती है,
पर तुलना कर, उसे छोटा कर दिया जाता है।

ये कैसा समाज है,
जो खुद ही नहीं जानता –
वह क्या चाहता है?

एक ओर उसे पूज्य बनाता है,
दूसरी ओर बलात्कार की मानसिकता पालता है।
पत्नी तो चाहिए,
पर बेटी से भयभीत रहता है।

और जब मैं इस प्रश्न को और गहराइयों में ले जाती हूँ,
तो पाती हूँ –
स्त्री ही स्त्री की शत्रु बनती जा रही है।

वर्षों की लड़ाई में,
वो स्वयं को पुरुष बनाने लगी है।
लड़ते-लड़ते,
वो भूल गई है –
कि उसका स्त्रीत्व कोई दुर्बलता नहीं,
बल्कि एक पूर्ण ब्रह्मांड है।

अब प्रश्न यह नहीं है कि दोष किसे दिया जाए,
क्योंकि यह दुनिया –
सचेत होकर भी एक गहरी बेहोशी में जी रही है।

जहाँ हर कोई बोलता है,
पर कोई सुनना नहीं चाहता,
जहाँ हर कोई लिखता है,
पर कोई समझना नहीं चाहता।

— प्रेम चेतना

www.ingramcontent.com/pod-product-compliance
Lightning Source LLC
LaVergne TN
LVHW050820051026
849532LV00008B/3049